U0933422

柳州博物馆博文丛书·柳州味道

廉政故事

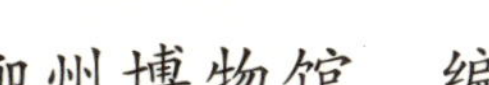

LIANZHENG GUSHI

柳州博物馆 编

广西民族出版社

图书在版编目（CIP）数据

廉政故事 / 柳州博物馆编. — 南宁 : 广西民族出版社, 2018. 1
（柳州博物馆博文丛书. 柳州味道）
ISBN 978-7-5363-7184-2

Ⅰ. ①廉… Ⅱ. ①柳… Ⅲ. ①漫画－作品集－中国－现代 Ⅳ. ①J228.2

中国版本图书馆CIP数据核字（2018）第004219号

廉政故事

LIANZHENG GUSHI

编　　者：柳州博物馆
责任编辑：宾伟贤
装帧设计：南宁佳彩广告设计有限公司
责任校对：陆秀春　李巧灵
责任印制：黄绍红
出版发行：广西民族出版社
地址：广西南宁市青秀区桂春路3号　邮编：530028
电话：0771-5523216　传真：0771-5523225
制版印刷：深圳市佳信达印务有限公司
规　　格：889毫米×1194毫米　1/12
印　　张：7
字　　数：50千字
版　　次：2018年1月第1版
印　　次：2018年1月第1次印刷
书　　号：ISBN 978-7-5363-7184-2
定　　价：36.00元

“廉洁自持，忠信是仗”，一踵柳侯芳躅
——代序

习总书记指示说，反对腐败，建设廉洁政治，保持党的肌体健康，始终是我们党一贯坚持的鲜明政治立场。这是实现国家富强、民族振兴、人民幸福的中国梦的前提。在当前加强反腐倡廉教育和廉政文化建设中，作为具有两千多年历史的文化名城柳州，传承发展中华优秀文化，就是反腐倡廉的一个重要方面。

有德于民的柳宗元，就是柳州历史上为政清廉的一个典型。

唐宪宗元和十年（公元 815 年）六月，柳宗元甫任柳州刺史。时值大旱，他按照当地的习惯，率众前往雷塘举行祭神祈雨活动。他在祭文中表白“廉洁自持，忠信是仗”，意即自己能廉洁自律，全凭忠信办事。柳宗元本着这样的理念，在柳州期间修复孔庙，施行教化；组织群众掘井，解决百姓取水的困难；释放奴婢，种柑植柳，开办学校……所采取的一系列善举，无不反映他“利安元元”的民本思想。

柳宗元勤政为民的行为，影响深远。“一踵柳侯芳躅”，他成为后来为官者的榜样。

任柳州司户参军事的刘蕡，关心民瘼，下乡巡视，坠马而死；滕处厚，任柳州马平步尉，居官守正不阿，人谓其迂；韩休卿，知融州军，精勤廉谨，恺悌循良；汪松，知象州，以廉静称，任满当更，民恳留，诏从之；绪东山，柳州人，任江西高安县知县，为政不务烦苛，受士民爱戴，被称为“绪母”；张翀，柳州人，授刑部主事，疾严嵩父子专政，抗章劾之，词甚切直，遭下狱拷讯，谪戍都匀；佘勉学，柳州人，授钱塘知县，历官三十余年，清节著闻，不增田宅，柳州人称“乡先生可法者，必推勉学”；于成龙，山西永宁（今吕梁）人，任罗城知县。于成龙淡薄自甘，一意与民休息，革火耗，减盐引，编置保甲，严禁盗贼；后以功升江防道，迁福建按察使。于成龙益自刻苦，经年不知肉食，被誉为“清官第一”。凡斯种种，不一而足。

我们将唐代至清末时期外籍官员在柳州为官和柳州人在外地为官的事迹搜集编写成“柳州博物馆博文丛书·柳州味道”之《廉政故事》一书，其目的就是通过这些为官清廉、勤政为民的生动事例，教育广大干部严以律己，严以修身，坚定社会主义理想信念，坚守精神家园，夯实廉洁从政的思想基础，筑牢拒腐防变的道德防线，做一个人民的好公仆。

是为序。

孙代文

2017 年 4 月 7 日

CONTENTS

目 录

—柳宗元—

柳宗元不但是柳州历史上影响最大的名人，也是柳州历史上第一位深受百姓爱戴的清官、好官。唐宪宗元和十年（公元815年），柳宗元被朝廷任命为柳州刺史，作为地方上的主官，全面负责柳州的行政、司法和军事的管理。

刚上任，柳宗元就碰到一大难题：当地社会秩序混乱，盗匪猖獗，民不聊生。柳宗元不为所惧，迎难而上，亲自坐镇指挥，采取果断措施，短时间内平息了匪患，让柳州百姓得以安居乐业。

另一个社会问题是民间流行迷信巫神鸡卜、滥杀牲畜的陋习，给社会生产造成很大的损失。

柳宗元意识到这些乱象的根源在于人们思想愚昧，解决问题必须从积极传播儒家思想和宣传佛教理念入手，通过修复崩坏的孔庙和大云佛寺，加强对民众的教化。经过不懈的努力，柳州一度流行的各种陋习恶俗逐步得到遏制，社会风气明显好转。

当时的柳州还存在另外一种恶俗：一些劳苦农民因交不起地租或还不起高利贷，被迫将子女送到债主家做抵押，以致其失去人身自由，沦为奴婢，酿成许多家庭的悲剧。柳宗元决心革除这种恶俗，于是厉行改革，采取行政措施，废除恶俗，解放奴婢，使上千人脱离苦海，重获自由。

发展生产以改善百姓的生活，同时保证国家的税收，始终被身为地方官的柳宗元视为天职。在任的短短四年当中，他身体力行，带头种柑栽竹，挖井取水，造福百姓。

俗话说，饮水思源。我们今天能喝上清凉的井水，可不能忘记过去下河挑水的艰辛，要感谢柳侯倡导挖井的恩惠。

我们今天品尝美味的柑橘时，要牢记当年柳侯带头种柑的功德。

在柳宗元的倡导和鼓励下，柳州城乡面貌发生了显著的变化，社会风气大大好转，呈现一派生机。但因积劳成疾，柳宗元于唐宪宗元和十四年（公元819年）不幸病逝于柳州，年仅四十七岁。他为官清廉，生活俭朴，死后连回到家乡安葬的费用也无以解决，只能暂时停柩于他生前常游的罗池一侧。

次年，幸亏其生前好友和上司裴行立慷慨资助，一生清贫的柳宗元，其灵柩方才得以运回万里之外的长安万年县栖凤原（今陕西省西安市临潼区）安葬。柳州百姓感念柳宗元的恩德，在他停灵之处建了一座衣冠冢，后又在冢前兴建祠堂，对他寄予永远的怀念。

—刘蕡—

刘蕡，字去华，幽州昌平（今北京市昌平区）人。唐敬宗宝历二年（公元826年），他因直言上疏深刻揭露宦官专权和藩镇割据的危害，得罪了朝廷中的邪恶势力，被贬到柳州，担任管理户籍、婚姻、田宅和徭役等杂务的小官司户参军事。

刘蕡尽管遭贬，官职卑微，但并不气馁，到任以后，决心“一踵柳侯芳躅”，以柳宗元为榜样，紧跟先贤足迹，全心全意为百姓排忧解难，办了许多实事，深受百姓爱戴。

一次，在下乡巡视时，坐骑意外受惊，导致他不幸坠马，以身殉职。村民含泪将他的遗体就地安葬，其墓被尊称为"贤良坟"。后又建祠祀之，称"贤良祠"，与柳侯祠并列，为"唐二贤祠"。

毛泽东读《旧唐书·刘蕡传》时，对刘蕡为人甚为赞赏，写下七绝一首，曰："千载长天起大云，中唐俊伟有刘蕡。孤鸿铩羽悲鸣镝，万马齐喑叫一声。"主席难得为古之为官者题赞许，刘蕡获此殊荣，足见其廉政事迹感人之深。

—丘 允—

丘允，字执中，福建长溪（今福建省宁德市）人。北宋钦宗靖康年间任柳州知州。

当时地方豪强欺压百姓，众人敢怒而不敢言。丘允上任后，关心百姓疾苦，与邪恶势力进行了坚决的斗争，将当地豪强中罪恶累累、民愤极大的首恶分子逮捕法办，主持公道，维护正义，一时人心为之大快。

他经过调查，了解到广西境内盐课苛酷，百姓不堪重负，怨声载道。于是他便毅然上疏朝廷，如实反映情况，并提出实施改革的可行方案。方案得到采纳，减轻了百姓的负担。此举惠及千家万户，深得人心。

—黄畴若—

黄畴若，字伯庸，丰城（今江西省丰城市）人。南宋孝宗淳熙和宁宗庆元年间先后出任柳州府教授和马平县教谕。

在任期间，黄畴若主持撰修柳州历史上第一部志书《龙城图志》（图志又名“图记”“图经”，是一种地图与说明文字相结合的方志形式），共十卷。据《宋史·艺文志》记载，广西修成图志者仅有桂林、柳州两地。《龙城图志》可惜未能留存下来。

黄畴若为官清正，口碑很好。后来他调离柳州，先后任职灵川知县和庐陵知县，在任上也都能勤政除弊，政绩斐然，受到当地百姓的爱戴。

廬陵

黄大人可是个好官，清官！

好人定有好报，愿他长命百岁！

汪松

汪松，字茂权，三衢（今浙江省衢州市）人。南宋宁宗开禧元年（公元1205年）任象州（宋代象州为县，归柳州管辖）知县，为官清廉，口碑颇佳。

任期届满，奉朝廷令，汪松将调任他职。柳州百姓群起挽留，朝廷顺应民意，满足百姓的恳求，让其继续留任，暂不调走。但百姓仍担心其终将离任，于是延请匠人为其雕刻木像，诚心供奉，足见其受百姓爱戴之深。

—刘焘—

刘焘，明太祖洪武年间任柳州知府，为人宽厚，为官清廉，在任期间为百姓办了许多实事，深得人心。

民间传说刘焘曾下令保护耕牛，严禁屠宰，以利生产。有人违令，偷偷私宰。牛奋力逃脱狂奔，闯入府衙，悲号若诉。刘焘查明原委，将此人传唤至府衙，严厉呵斥，又喻之以理。那人诚惶诚恐，认罪认罚。耕牛得以保全性命。一时城乡震动，传为美谈。

—陈 骏—

陈骏，字仲良，广东河源（今广东省河源市）人。明成祖永乐年间任柳州知府。

上任伊始，恰逢周边各地民众因赋税过重不满而起事，武装围攻柳州城，情势万分危急。

陈骏临危不惧，亲自起草劝阻文告，从城楼投下，告诫起事民众：有何要求，不妨商量解决，诉诸武力，后果严重，得不偿失。

起事民众读了文告，认为言之有理，便推举代表，进城与官府谈判。陈骏认真听取对方的申诉之后，郑重表态：一定妥善处理，不负众望。起事民众遂散去，局面得到控制。

事后，陈骏及时亲往起事民众所聚居的宜山等地巡视，深入了解情况，并当机立断，采取措施予以安抚，动乱最终归于平息。

当时正值大旱之年，庄稼颗粒无收，村民纷纷扶老携幼，四出逃荒。面对灾情，陈骏忧心如焚。他不仅捐出俸银，而且动员下属和城中富户商贾慷慨解囊，扶危济困，救助了许多濒临饿死的灾民。

后来，他还主持了修葺城池、庙宇和书院等诸多惠民工程，为振兴文教、改善环境做了大量实事，成为柳州百姓衷心拥戴的一位父母官。

龚遂

龚遂，字文昌，广东番禺（今广州市番禺区）人。明代宗景泰四年（公元1453年）任柳州知府。他为官清廉，一身正气，深得百姓敬重景仰。

后来，他辞去官职，返回家乡安度晚年。归隐途中遇强盗剪径，索要买路钱。强盗搜遍龚遂行囊，皆为书籍，一文钱也找不到，只好自认晦气，将其放走。

—董成龙—

董成龙，号云泉，浙江海宁（今浙江省海宁市）人。明神宗万历三十七年（公元1609年）任柳州知府。

由于董成龙的前任是个昏官，为政无方，导致当地经济凋敝，民不聊生。他上任后，对百姓疾苦十分关心，感同身受，下决心改变这种状况，为百姓解除痛苦，营造一个安居乐业的环境。

他从严格要求自己做起，清正廉洁，勤政为民，每天亲自起草文书，审理案件；果断废除苛捐杂税，尽量减轻百姓的负担。

经过他的不懈努力，当地经济渐有起色，出现繁荣的势头，人心也日益安定下来。

社会环境刚刚好转，却又逢大旱，土地龟裂，庄稼因无水灌溉而面临绝收，导致人心惶惶。为了稳定大局，身为地方官的董成龙冒着酷暑，日复一日，为民祈雨，终于迎来甘霖，旱情得以缓解。他自己却因劳累过度，一病不起。

柳州百姓怀念这位为民操劳、鞠躬尽瘁的父母官，纷纷捐资为其建祠于柳侯祠之侧，逢年过节，以与拜祭柳宗元同等的规格，一道拜祭。

—谭元方—

谭元方，字正则，号锦秋（因敬慕柳宗元而引当年柳侯所建锦秋亭之亭名为号），湖广景陵（今湖北省天门市）人。明思宗崇祯年间任柳州知府。

他在任上注重体察民情，经常微服私访。通过走访，他了解到当地土豪劣绅倚仗权势欺压百姓，成为社会动乱的根源。于是，他毅然出手予以打击，一举剪除这些邪恶势力，伸张了正义。

柳州地处南疆，国防形势十分严峻，军需拮据和兵源不足成为亟待解决的两大难题。身为知府的谭元方迎难而上，通过妥善处理各种社会矛盾，营造和谐局面，调动方方面面的积极因素，从容筹措粮饷和装备，满足军需，同时依靠实行安抚政策，争取当地少数民族群众支持，让他们乐意应募，以土兵身份充实正规部队，从而解决了兵源不足的难题。

—于成龙—

于成龙，字北溟，号于山，山西永宁（今山西省吕梁市）人。清世祖顺治十八年（公元1661年）任广西罗城（为柳州府所辖）知县。

他到任时，当地社会秩序极为混乱，盗匪横行，无法无天。阶级矛盾和民族矛盾都十分尖锐，平民百姓不得安生，怨声载道。

面对两届前任皆束手无策的乱局，于成龙从容应对，以高超的智慧和坚强的意志，采用招抚与武力征剿相结合的策略，一一化解了各种尖锐的矛盾，迅速打开局面。

他在任上时，以身作则，一身正气，两袖清风，爱民如子，处事公道，赏罚分明。在他的治理下，社会风气逐渐好转，罗城成为一座民风淳朴、环境优美、经济繁荣、民众安居乐业的南疆小城。

由于政绩卓著，于成龙不断得到提拔，先后担任过福建按察使、直隶巡抚、两江总督等要职。他为官数十载，始终坚持反腐倡廉，敢于跟炙手可热的皇亲国戚、达官显贵展开针锋相对的斗争，无私无畏。因此，被康熙皇帝誉为“清官第一”。

—江皋—

江皋，字在湄，号磊斋，江南桐城（今安徽省桐城市）人。清圣祖康熙二十一年（公元1682年）任柳州知府。

经过明末清初的长期战乱，城市残破，百业凋敝，许多人家园遭毁，流离失所。这成为亟待解决的严重的社会问题。

为了解决这道难题，江皋上任伊始，就殚精竭虑对当地众多流民进行救济，想尽办法安排他们就业和居住。

另一大难题是当时驻柳的清军士兵目无法纪，胆大妄为，公然抢掠良家妇女囚禁于军营之中奸淫取乐，形同禽兽，影响极坏。百姓对此恨之入骨却无可奈何。

江皋敢于碰硬，毫不畏惧，断然采取强硬措施，进入戒备森严的兵营，当着这伙道德败坏、以八旗子弟自居的清军败类的面将受害妇女解救出来，并资助盘缠，使她们得以与家人团聚，获救者多达数百人。

当地有一孤儿，因年幼懦弱，家产被恶仆非法霸占。江皋闻讯，亲自过问，将该恶仆拘捕到案，严加审问。恶仆理亏，愿献重金欲求免罪。江皋不为所动，依法将恶仆判刑治罪，不义之财连同被非法侵占的家产如数归还受害的孤儿。

江皋还仿效柳侯，修缮学宫，兴建码头，鼓励农耕，繁荣商业，减轻赋税，安抚少数民族，为营造一个和谐的社会环境做了许多实事。

特别值得一提的是，朝廷为修紫禁城太和殿，派专人来柳采办贵重的金丝楠木。江皋尽心尽力与难以侍候的钦差巧妙周旋，既妥善交差令朝廷无可挑剔，又避免了劳民伤财，殃及百姓。

—杨懋盛—

杨懋盛，山西新关（今山西省偏关县）人。清朝初年，任马平知县。

他的前任是个坏官，在任期间，为谋私利，大兴冤狱，株连甚广。杨懋盛上任后，了解到这个情况，心情很沉重，下决心清理积案，平反冤狱。

他亲自审案，一一重新侦结，先后救下被前任错判为死刑者数十人，为冤死者一一平反昭雪并予赔偿。他的所作所为，受到上司的赞赏和嘉奖，更得到全城百姓的衷心拥戴。

跟当年的柳宗元一样，百姓拥戴的好官杨懋盛终因积劳成疾卒于任上，却因家境清寒，不能归梓。后经同僚筹资，方才得以将其灵柩送返家乡。

—韩良辅—

韩良辅，字翼公，甘州（清代甘州即今甘肃省）人。清世宗雍正元年（公元1723年）任广西提督（提督署驻柳州），次年并代理广西巡抚。

在柳任职的五年中，韩良辅除了大力整顿军纪，对士兵严加训练，还鼓励开荒种地，要求地方官“搭盖茅舍，招徕贫民聚居，又贷以牛、种，教其兴行陂塘井堰之利”。

他还兴义学，把提督署的空房改为教室，聘请老师对驻柳兵丁开班授课，教其识字。

考虑到柳州城内民居多为木屋，容易失火，他命令地方打造各种灭火器具，保护百姓免遭火灾危害。

考虑到百姓普遍贫穷，无钱求医买药，他专门从桂林请来良医，又筹资采购药材，配制膏、丹、丸、散，开设药局，无论军民，均可来此低价看病，免费取药。

—袁承幼—

袁承幼，字懋嘉，号东山。山东长山（今山东省邹平市）人。清世宗雍正九年（公元1731年）任柳州知府。

跟前任好官韩良辅一样，袁承幼对预防火害也高度重视。为了根除火险，他慷慨捐出薪俸纹银八百两，借助银两生息的机制进行集资，用以将木屋逐步改建为更为安全的砖瓦房。百姓感念这一惠民之举，称新建的砖瓦房街道为“袁公街”，以表敬意。

柳州府所辖瓦塘（位于今三江侗族自治县境内）匪患甚烈，当地百姓深受其害。为了消除匪患，袁公不畏艰险，亲自前往探察，深入丛林幽谷，终于摸清匪情，然后领兵围剿，一举踏平匪巢，生擒匪首，彻底平息了匪患。

袁承幼在柳州为官数载，案无留牍，狱无滞囚。时柳州政治清明，社会和谐。

—王　锦—

王锦，字炯斋，顺天大兴（今北京市大兴区）人。清高宗乾隆二十六年（公元1761年）任右江道巡道（官署驻柳州）。

在任期间，王锦怀着对先贤的崇敬之心，对柑子亭、柳侯祠、贤良祠、贤良墓等古迹进行了全面修缮，并捐资重建了慈善机构佑民院和文教中心柳江书院，做了许多实事。

特别值得一提的是，他还曾亲撰《请栽通省路树议》一文，向上司倡议以栽路树作为官员政绩考核标准之一。早在两百多年前的十八世纪就具有如此超前的环保意识，实在难能可贵。他还组织编纂《柳州府志》；命知县监修《马平县志》，并予刊印。所有这些创举都可圈可点，为提升柳州这座古城的历史文化内涵做出了重要贡献。

—孙寿祺—

孙寿祺，字锡祉，号子福、侣梅。江苏太仓（今江苏省太仓市）人。清穆宗同治三年（公元1864年）任柳州知府。

一上任，他就雷厉风行，革除积弊陋规，制定口粮由官府发放，禁绝官吏受贿的章程，亮出了反腐倡廉的鲜明旗帜。

孙寿祺对自己要求非常严格，从不耍排场摆架子；文书亲自动手写，不用幕僚代笔；严格按照规定雇用衙役，不超编制；一切公务开支尽量俭省，账目清楚。他还经常脱掉官服，换上便装，到民间访贫问苦，了解情况。

柳州大旱，他效法柳宗元，亲往大龙潭设坛祈雨，一连二十天，被晒到皮肤黝黑，直到降雨他才回署办公。天旱导致米贵，他为民分忧，一方面派人从外地籴米以平抑米价，另一方面筹建义仓，储谷以救济灾民。

孙寿祺开展一系列的建设，修复文物古迹，兴建炮台以加固城防。经费不足，他带头捐出官俸，甚至典当衣物，令百姓感佩崇敬。后来他卸任离柳，大街小巷贴满百姓惜别的诗帖，民众自发洒泪送行至数十里外。

—杨道霖—

杨道霖，字仁山，江苏无锡（今江苏省无锡市）人。清德宗光绪三十三年（公元1907年）出任柳州知府。

此时已是清末，时局动荡，百姓普遍贫困，甚至饥寒交迫。杨道霖上任后，深感时艰任重，于是严格自律，自觉以柳宗元、于成龙等先贤为榜样，厉行节俭，同时广开言路，调动各方面的积极因素，寻求治理办法。

经过深思熟虑，他逐步施行了一系列的新政：开办女子师范学堂，成立柳州警察学堂，倡办商务总会，筹办平民识字所和罪犯习艺所，开辟柳侯公园，创立华兴木植公司，试办柳郡官银号，等等。死气沉沉的柳州城一时呈现出一派崭新气象。

可惜杨道霖在柳州任职仅有短短的两年，他的新政尚未得到充分的实践机会，令人惋惜！清宣统元年（公元1909年），杨道霖卸任离柳。临行前，柳州士绅百姓为其饯行，在他所创建的柳侯公园摄影留念，并举行隆重的赠送"万民伞"和锦匾仪式，以表达对他的敬佩和感激之情。

以上所说的是历代由朝廷委派或贬谪来柳州任职的共18位廉政官员的感人故事。下面再说说在柳州出生的贤德之士在朝廷或外地为官的廉政故事——

—周 琦—

周琦，字廷玺，号东溪。他于明宪宗成化十七年（公元1481年）考中进士。曾担任南京户部员外郎等官职。明孝宗弘治六年（公元1493年），他针对在家乡所见官兵滥杀无辜山民，激化民族矛盾，以致引发动乱的事实上疏朝廷，尖锐抨击时弊，提出治理广西的方略。其所为顺应民意，表达了百姓的心声，因而受到民众的拥戴，被后世尊为明代“柳州八贤”之首。

—计宗道—

计宗道，字惟中。他于明宪宗成化十六年（公元1480年）以头名考中举人，成为柳州荣获"解元"称号之第一人。明孝宗弘治十二年（公元1499年）考中进士，先后当过常熟知县、延平府同知、户部郎中、湖广衡州知府，任上皆有政绩，为人称道。

他不计个人得失，敢于为民请命。任常熟知县时，正逢大灾之年，他毅然上疏朝廷，请求减免租税，在当地深得人心。

最值得称道的是他在大旱之年连续多日祷雨而滴雨未下，愤而当众烧毁了神像。这样的举动，在当时是要冒很大风险的。

—戴 钦—

明代"柳州八贤"之一的戴钦，字时亮，号鹿原，又称玉溪子，生于明孝宗弘治六年（公元1493年）。考中进士后，曾先后担任刑部浙江司主事、陕西司员外郎、云南司郎中等职。明世宗嘉靖三年（公元1524年），昏庸、自私、残暴的嘉靖皇帝执意要封自己的生父为皇考，遭到大臣们反对，引发激烈的争辩。戴钦因在朝廷上慷慨陈词，触怒皇帝，遭到残酷的廷杖，身受重伤，两年后不治逝世，年仅三十四岁。

—徐养正—

与戴钦同样因不顾个人安危，主持正义，为维护国家利益，毅然揭发奸臣而受到廷杖酷刑的贤臣还有徐养正。徐养正，字吉夫，号蒙泉。明世宗嘉靖二十七年（公元1548年），时任户科右给事中徐养正上疏朝廷揭发奸臣严嵩父子的贪腐罪行，结果反遭奸臣诬陷，受到廷杖六十的惩罚，并被贬谪到云南通海县当典史（一个没有实权的小官）。

后来徐养正得到起用，升任南京光禄寺少卿、尚宝司卿。因奸臣严世蕃也在南京为官，徐养正认与其共事为耻，愤而请辞告归。徐养正这种不畏权势，不与奸佞同流合污、刚正不阿的气节受到世人的高度赞扬和崇敬。柳州人将其列为明代“柳州八贤”之一，《马平县志》称他“与海忠介（海瑞）齐名”，并不过誉。

—张翀—

明代"柳州八贤"中还有一位因忠诚而获罪，险些被昏君以"大辟"(砍头)酷刑处死的志士贤臣，他就是张翀。张翀，字子仪，号鹤楼，生于明世宗嘉靖十年(公元1531年)，稍晚于徐养正。进士出身，在朝中任刑部主事。

他经过五年深入调查，掌握了奸臣严嵩父子贪赃枉法、危害国家的大量证据，上疏皇帝，揭露奸臣的累累罪行。但嘉靖皇帝这个历史上臭名昭著的昏君居然不分青红皂白，以"诬陷首辅"的罪名将张翀关进大牢。张翀不服，惹得昏君大怒，拟以"大辟"之刑处之。幸得众官力保，方才得免一死。

直到嘉靖皇帝驾崩，奸臣垮台，隆庆皇帝登基，被流放吃尽苦头的张翀方得以奉召回朝，并先后历任要职，官至刑部侍郎。张翀在被贬贵州都匀期间，为振兴当地文教做出了开发性的贡献，与王阳明、邹元标并称为"三迁客"。

—佘勉学—

明代"柳州八贤"中有父子二人，都在外地任职且有良好的政绩和口碑，他们就是佘勉学和佘立。

佘勉学，字行甫，号东台。明世宗嘉靖二年（公元1523年）中进士，从此步入仕途。三十余年间，自知县至按察使，为官廉洁，没有私心，不增田宅。柳州人为之感到自豪，在城中华荣寺旁建"廉宪"牌坊以示表彰和缅怀。

佘立，字季礼，号乐吾，佘勉学之子，明世宗嘉靖四十一年（公元1562年）中进士。与其父一样，佘立为官历三十载，不断升迁，政绩斐然，且立有卓著战功，却从不居功自傲，而能恬淡自持。佘立死后，与其父一样，被列入“柳州八贤”之一，而且乡人为之所建的“大中丞”牌坊立于府学东街（即景行路东段，现已无存），以示纪念。

佘立率军援朝抗倭，杀出威风，战功赫赫。

—龙文光—

龙文光，字焕斗，又字中黄，号西野，明熹宗天启二年（公元1622年）中进士，历任上犹知县、新建知县、吏部主事、吏部郎中、贵州提学佥事、川北参政、右佥都御史等官职。在朝中做官时，正值贵州发生动乱，朝廷派兵征剿，向各地摊派军饷，广西被摊十三万两白银，而当地刚刚经历过连续两年的大旱，元气大伤，尚未复苏。龙文光敢于担当，冒着风险上疏朝廷，请求减免摊派，后获批准，摊派得免。家乡百姓无不感恩戴德，不但将其列入“柳州八贤”之一，还在开元寺旁为他树立了一座题名“学宪”的牌坊。

—欧阳永锜—

欧阳永锜，字德馨，一字子馨，号兰畦，晚号罗池狷叟，是清代柳州人在外地做官廉政享誉第一人。他自清高宗乾隆元年（公元1736年）从政，历任多地知府，政绩卓著。在任河南盐驿道时，正值黄河决堤，泛滥四十余州县。他果断组织救灾，措施得力，救助灾民达数万人。

后升任浙江按察使。在任期间，他毅然革除属官远迎上司并馈赠重礼，倚仗权力占用役夫劳力不付工钱等陋习，在官场刮起一股清风。

后再升广东布政使。任上，他得知当地瑶民因反抗官府而遭镇压，被强令拘禁于山中不许外出，境况惨苦。作为主管司法的地方官，欧阳永裿及时奏请朝廷开恩，将这些瑶民编入户籍，恢复其行动自由，给了他们生活的出路。

杨廷理

杨廷理，字清和，一字半缘，号双梧，晚号更生。清高宗乾隆五十一年（公元1786年）任台湾府同知，后升任知府，三度连任。任内，对宝岛台湾，特别是台湾东北部的噶玛兰（今台湾省宜兰市）的开发做出了历史性的重大贡献，被当地绅民称为“开兰名宦”。在生时人们为其立禄位牌，卒后为其设“杨公祠”，体现了中华民族“有德于民民祀之”的优良传统。《噶玛兰厅志》《宜兰县志》《台湾通史》《台湾一百位名人传》皆为其立传。

—柯树勋—

柯树勋，字绩臣。十九岁从军，后以战功升任清军开广营帮带，受命负责保护云南南溪段铁路修筑工程。滇越铁路全线建成后，他又受命带领铁路巡防营驻扎河口（今云南省河口瑶族自治县）。民国初年，他就任普思沿边行政总局局长，成为西双版纳地区最高行政长官。作为进驻当地的汉族官员，他治边十五年，业绩斐然，至今仍广受当地人传颂。

柯树勋立身处世常以清廉自持，从不倚仗权势妄取豪夺。在西双版纳任职期间，各勐（旧时云南傣族地区的行政区划单位，相当于汉族地区的乡）头人及过往客商常有馈赠，他从未据为己有，而是专室存放，作为公产。病重弥留之际，他不忘命人开箱清点，当众宣布公产如数归公，然后瞑目而逝。他逝世的噩耗传到省府，省里拨出专款将其公葬于澜沧江东北岸的白花山，并追赠其陆军少将军衔。

至此，柳州历史上有代表性的清官好官廉政故事的编绘可以暂告一段落。正在此时，忽然有几位客人从远在千里之外、东海之滨的福建省宁德市专程来到柳州，探访其先祖陈纪当年在柳任职期间的事迹。通过客人的介绍，我们才知道，原来早在距今八百多年前的南宋时代，曾经有一位名叫陈纪的“老市长”，是来自福建宁德的清官。这就为柳州这座历史文化名城提供了一段填补历史缺环的重要信息，也为本书增添了新的精彩篇章。

—陈 纪—

据修于清高宗乾隆四十六年（公元1781年）的《宁德县志》记载，陈纪于南宋孝宗淳熙十四年（公元1187年）中进士，先后历任邵阳知县、藤州太守、英德太守（太守相当于知府），任上皆有善政，民立祠祀之。

福建宁德百姓为了纪念这位为当地争光的先贤，于南宋度宗咸淳二年（公元1266年）在其家乡（今福建省宁德市洋中镇东山村）修建了一座“忠节大夫祠”，亦称“柳州祠”。后多次重建，现仍存。该祠为一座由门楼、前天井、廊庑、正厅、后天井等组成的具有相当规模的古建筑。2016年，宁德市政府已向福建省政府呈交报告，请求将该祠列为省级文物保护单位。据此推想，既然这位“老市长”当年有德于柳州百姓，百姓也会建祠祀之。只可惜年代久远，祠堂无踪可寻，连历史上的记载也难以找到。所幸其后裔来柳寻踪，为我们提供了这一段极为宝贵的信息，特将其补录于本书中，作为本书的结尾。

2017年8月，于福建宁德陈纪家乡“柳州祠”前所绘